WOLFGANG AMADEUS MOZART

MISSA BREVIS

D major/D-Dur/Ré majeur
K 194

Edited by / Herausgegeben von
Felix Schroeder

Ernst Eulenburg Ltd

London · Mainz · Madrid · New York · Paris · Tokyo · Toronto · Zürich

W. A. MOZART

Missa brevis D - dur KV 194 (186ʰ)

Am 15. Februar 1775 schreib⸱ Leopold Mozart aus München: „Am verflossenen Sontag ist eine kleine Messe vom Wolfg: in Hof Capelle gemacht worden, und ich habe Tacktiert, am Sontag wird wieder eine gemacht . . ." Bei diesen „kleinen Messen" kann es sich nur um die Missae breves KV 192 (186 f) und die vorliegende, beide mit der instrumentalen Miniaturbesetzung von 2 Violinen und Bass handeln; diese wurde nach Mozarts eigener Datierung am 8. August 1774 in Salzburg vollendet; sie ist eine Sonntagsmesse, die wie 192 für den Dom bestimmt war, was sich aus der fehlenden Viola ergibt. Ob der Erzbischof Colloredo die Messe jemals gehört hat, ist sehr zu bezweifeln, da er an einem gewöhnlichen Sonntag wohl kaum das Hochamt zelebriert haben dürfte. Während die Messe KV 192 einen strengen Stil wahrt, ist die Grundhaltung von KV 194, die was Tiefe der Empfindung anlangt an die vorangehende nicht heranreicht, weniger ernst; dafür ist sie aber von großem melodischem Reiz; obwohl sie auf die traditionellen Schlußfugen des Gloria und Credo verzichtet, ist der Anteil des Kontrapunktes nicht gering. K. G. Fellerer weist auf die auffallende Neigung dieser Dur-Messe zu den Molltonarten hin.

Das Streben nach motivischer Vereinheitlichung zeichnet besonders die größeren Abschnitte, Gloria und Credo, aus; im Gloria wird der Zusammenschluß durch Wiederholung des Hauptmotivs bei den Worten „Cum Sancto Spiritu" erreicht, das Credo verdankt die innere Verbindung der öfteren Wiederkehr des Hauptgedankens, der jedoch jedesmal in etwas modifizierter Form auftritt. In einem Orchestermotiv des Credo, das Mozart am Schluß dieses Abschnitts ebenfalls wieder aufgreift, klingt eine Notengruppe aus Glucks „Orfeo" sehr vernehmlich an.

Die Kürze wird erreicht durch das Fehlen instrumentaler Vorspiele; die auf ein Minimum reduzierten Zwischenspiele dienen lediglich der Überleitung zu einer neuen Tonart; hinzu kommt eine „rapide Chordeklamation und die Verteilung worteseicher Abschnitte auf die Soli, die sich quasi ins Wort fallen" (Einstein); dadurch wird auch die unerwünschte Polytextur vermieden. Das „Dona nobis pacem", das in einem eigenen Satz entwickelt wird, ist Wechselgesang in Form einer Vaudeville. Als Kuriosum sei vermerkt, daß der Caecilianer Franz Witt diese Messe als „kirchlich zulässig" erklärt hat.

QUELLEN

A. Autograph im Besitz der Nationalbibliothek Wien; es trägt von Mozarts Hand die Über-schrift „Missa brevis", daneben rechts „di Wolfgango Amadeo Mozart, Salisburgo li 8 d'augusto 1774.

B. Kopie, Stimmen ebenfalls in der Nationalbibliothek Wien, Missa in D à Soprano, Alto, Tenore, Basso, 2 Violinis, 2 Clarinis, Timpano, Organo con Violine. Auth. Mozart" aus dem Jahre 1845.

C. Kopie, Partitur im Archiv des Domchores in Salzburg aus dem Nachlaß von W. A. Mozart Sohn.

Die vorliegende Ausgabe beruht auf einem erneuten Vergleich des Autographes mit der alten Mozartschen Gesamtausgabe, der Quellenwert der Kopien erwies sich als gering. Sämtliche Abweichungen vom Autograph stehen in Klammern. Aus der Quelle B wurden die Tempobezeichnungen für die im Autograph un-bezeichneten Sätze entnommen, eingeklammerte Phrasierung wurde in Analogie ergänzt. Die verschiedene Schreibweise der dynamischen Zeichen, pia, piassmo, for usw. wurde durch die heute üblichen Zeichen ersetzt.

LITERATUR : (die wichtigste)
Jahn-Abert, Mozart I S. 363, 368, 377.
Einstein, Mozart S 421 ff, 442
Paumgartner, Mozart S. 222 f.
Fellerer, Mozarts Kirchenmusik S. 47 f.
Schnerich, Messe und Requiem seit Haydn und Mozart S. 43 ff.
Revisionsbericht zur AMA (Köchel).
Köchel-Verzeichnis 3. Auflage, ed. Einstein S. 258 f.

Felix Schroeder

W. A. MOZART

Missa brevis in D - K.V. 194 (186ʰ)

On 15th February, 1775 Leopold Mo=
zart writes from Munich: ,,On Sun=
day last a little Mass of Wolfgang's
has been given in the Court Chapel,
and I have given the beat, on Sun=
day another one will be performed . . ."
With these ,,little Masses" he can only
mean the Missae Breves K.V. 192
(186 f) and this present one, K.V. 194
(186 h), both with the miniature orches=
tration of 2 violins and bass. Mozart
himself gives the date for its comple=
tion in Salzburg as 8 th August, 1774.
It is a Sunday mass, which, like K.V.
192, was intended for performance in
the cathedral, as is evident from the
missing viola. It is very doubtful whe=
ther the Archbishop has ever heard the
mass, as it is unlikely that he cele=
brated High Mass on an ordinary Sun=
day.

In the Mass K.V. 192, the strict style
is adhered to throughout. By con=
trast, K.V. 194 is less serious and does
not reach the same depth of feeling,
yet it is full of melodic charm, and
although both Gloria and Credo lack
the customary fugal finale contrapun=
tal writing plays an important part. K.G.
Fellerer points out a marked tendency
towards the minor keys in this D=major
mass. The larger sections especially,
the Gloria and the Credo, show a
significant stiving for thematic unifi=

cation: In the Gloria this junction is
reached on the words ,,Cum Sancto
Spiritu" by a repetition of the main
motive, and the Credo owes its inner
unity to the frequent recurrence of the
principal idea which, however, always
reappears in a slightly modified form.
In one of the orchestral motives of the
Credo, which Mozart recapitulates to=
wards the end of that section, occurs
a sequence of notes strongly remini=
scent of Gluck's ,,Orfeo"

The brevity of the mass is due to the
omission of instrumental introductions,
and the very short interludes merely
serve as transitions to a new tonality.
In addition there is a ,,rapid choral
declamation, and verbose sections are
distributed amongst the soloists, who
follow each other with breathtaking
swiftness" (Einstein), and by the same
means any undesirable polyphonic tex=
ture is avoided. The ,,Dona nobis pa=
cem" is developed in the form of a
vaudeville in a separate movement.
As a matter of interest it might be
noted that Franz Witt declared this
mass as being ,,liturgically admissible"!
This present edition is based on a rene=
wed comparison of the autograph with
the old Complete Edition of Mozart's
Work's as two contemporary copies
proved to be of little value. However,

one of these copies furnished the tempo indications for all the movements where they were missig in the autograph. All deviations from the autograph appear in brackets, and phrasing marks in brackets have been added for reasons of analogy. Various ways of expressing dynamic instructions (pia, piassmo, for etc.) were replaced by the customary symbols of present day practise.

BIBLIOGRAPHY
Jahn-Abert, Mozart I S. 363, 368, 377.
Einstein, Mozart S 421 ff, 442
Paumgartner, Mozart S. 222 f.
Fellerer, Mozarts Kirchenmusik S. 47 f.
Schnerich, Messe und Requiem seit Haydn und Mozart S. 43 ff.
Revisionsbericht zur AMA (Köchel).
Köchel-Verzeichnis 3. Auflage, ed. Einstein S. 258 f.

Felix Schroeder

Missa brevis

Kyrie

W. A. Mozart
(1756 - 1791)
Köchel No. 194 (186h)

Gloria

Credo

32

38

Sanctus

E. E. 6095

E. E. 6095

42

E. E. 6095

Benedictus

E. E. 6095

46

48

Agnus Dei

50

54

58

E. E. 6095